AF321398

DIRECTION GÉNÉRALE DES CONTRIBUTIONS INDIRECTES

LETTRE COMMUNE N° 251 DU 25 MAI 1903

SUCRES

R. F.

Application de la loi
du
28 janvier 1903.

2ᵉ DIVISION — 2ᵉ BUREAU

Dispositions transitoires.

Le Conseiller d'État, Directeur général,

A Messieurs les Directeurs

En exécution des stipulations contenues dans la convention signée à
Bruxelles, le 5 mars 1902, la loi du 28 janvier 1903 et la loi de finances du
31 mars suivant (art. 32 à 35) ont institué une nouvelle législation sucrière
qui doit entrer en vigueur le 1ᵉʳ septembre prochain. Les prescriptions relatives à l'application du nouveau régime des sucres seront notifiées au service
par voie de circulaire. Mais afin que les intéressés puissent prendre en temps
utile les dispositions nécessaires, il importe d'arrêter dès à présent les règles
à suivre pour l'exécution des mesures transitoires qui ont pour objet de permettre au dégrèvement de produire tous ses effets dès la date fixée pour la mise
en vigueur des nouveaux tarifs.

Lors des discussions auxquelles ont donné lieu les prescriptions contenues
à cet égard dans l'article 6 de la loi du 28 janvier, il a été spécifié que les
mesures dont il s'agit devaient avoir pour but d'assurer le bénéfice du nouveau droit aux sucres qui, sous toutes formes, se trouveraient le 1ᵉʳ septembre prochain en la possession des industriels (raffineurs et fabricants de
produits à base de sucre) qui mettent en œuvre des matières placées en
admission temporaire.

Il convient d'observer ici que la méthode adoptée en 1903 diffère de celle
qui a été pratiquée en 1880. Le système suivi en 1880 a consisté non seulement à faire bénéficier du nouveau tarif les sucres recensés dans les raffineries, mais encore à restituer aux détenteurs de sucres libérés d'impôt la
différence entre l'ancien et le nouveau droit sur les produits déposés soit

De la part de MM. Debayser, frères, 44, rue du Louvre

dans les entrepôts, soit dans les magasins généraux ordinaires, soit dans des magasins généraux provisoires, dont la création avait été autorisée pour la circonstance. La restitution s'est opérée sous la forme de certificats d'inventaire reçus ultérieurement à l'acquittement des droits sur les sucres.

Les errements pratiqués à cette époque n'ont pas paru pouvoir être suivis au cas actuel. Il s'agissait en 1880 de passer d'un tarif unique à un autre tarif unique moins élevé. Il était rationnel que le Trésor qui, en raison du mode de perception adopté, encaisse les droits à une date antérieure à celle où la matière imposable est réellement livrée à la consommation, restituât la différence entre les deux tarifs sur les quantités qui, au moment du dégrèvement, se trouvaient entre les mains des intermédiaires, raffineurs ou simples commerçants.

La situation actuelle est toute différente. D'un régime faisant de l'impôt deux parts, l'une perçue au profit du fabricant, l'autre au profit du Trésor, on passe à un régime comportant un droit unique au profit du Trésor. La restitution de la différence entre le nouveau droit et celui réellement acquitté par les détenteurs de sucres libérés (60 francs) aurait conduit à rembourser à ces détenteurs, non seulement la part de l'impôt ancien qui a été acquise au Trésor, mais aussi celle qui est allée aux fabricants. Aucune distinction ne pouvant être faite entre les sucres qui ont acquitté l'un ou l'autre les anciens droits (30 ou 60 francs), le Trésor, si l'on avait suivi les errements de 1880, aurait été exposé, dans la plupart des cas, à restituer une somme supérieure (35 francs par 100 kilos) à celle qu'il avait réellement perçue.

Dès lors, on a été amené à rechercher une mesure de transition permettant à la consommation de s'approvisionner, dès la mise en vigueur de la nouvelle loi, de sucres passibles du nouveau droit. Cette mesure consiste, indépendamment de quelques dispositions particulières dont il sera parlé plus loin, à faciliter aux industriels les opérations d'admission temporaire, c'est-à-dire à leur permettre de n'être détenteurs au 1er septembre que de sucres sur lesquels l'impôt aura été, non pas acquitté, mais simplement garanti, et qui, dès lors, pourront être admis au bénéfice du nouveau tarif, si à la date du changement de régime, ils sont représentés au service.

Dans ce but, l'article 6 de la loi dispose qu'à titre exceptionnel le délai d'apurement des obligations d'admission temporaire souscrites du 1er au 30 juin 1903 est porté de deux à trois mois. Cette prolongation de délai paraît de nature à permettre aux raffineurs et aux fabricants de produits à base de sucre de n'avoir en stock au 1er septembre prochain que des matières placées en admission temporaire, c'est-à-dire non libérées d'impôt.

INVENTAIRES DANS LES RAFFINERIES
ET ÉTABLISSEMENTS ASSIMILÉS

L'article 6 précité stipule qu'il sera procédé à l'inventaire des sucres et des sirops de toute nature (à l'exception des mélasses) qui existeront, au 1er septembre 1903, dans les raffineries et établissements assimilés.

Cet inventaire a pour but de dégager les quantités de produits achevés ou en cours de transformation qui, placés en admission temporaire, auront donné lieu à la garantie de l'ancien droit (60 francs), mais qui, n'étant pas réellement livrés à la consommation, seront passibles du nouveau tarif (25 francs).

Les sucres formant la différence entre les restes constatés et les quantités admises temporairement en franchise seront frappés des anciens tarifs, s'ils n'ont pas été exportés avant le 1er septembre 1903 : ils seront considérés comme ayant été livrés à la consommation avant cette date; les obligations concernant ces sucres ne pourront, lors de leur échéance, être apurées qu'au moyen de certificats d'exportation ou d'entrée en entrepôt antérieurs au 1er septembre 1903 ou par le payement en numéraire, soit de 30 francs par 100 kilos, s'il est représenté des certificats d'enlèvement, soit, à défaut de cette représentation, de la taxe de 60 francs.

Les restes, auxquels seront ajoutées les quantités inventoriées dans les dépôts dont il sera parlé plus loin, bénéficieront du nouveau tarif, c'est-à-dire que les obligations d'admission temporaire dans lesquelles ils seront compris pourront, jusqu'à due concurrence, être apurées, soit par le payement du nouveau droit (25 francs), comme représentant des livraisons faites à la consommation après le 1er septembre, soit par des certificats constatant des exportations ou des mises en entrepôt postérieures au 31 août 1903.

Les résultats des inventaires seront communiqués aux receveurs principaux qui auront reçu des soumissions d'admission temporaire, afin que ces comptables puissent, sans retard, classer les obligations en deux catégories : l'une comprenant les obligations qui devront être apurées, soit par des certificats d'exportation ou d'entrée en entrepôt antérieurs au 1er septembre, soit par le payement de l'ancien droit; l'autre comprenant les obligations relatives aux sucres qui seront appelés à bénéficier du nouveau régime.

Dans les ports de mer où des soumissions d'admission temporaire sont reçues par le service des douanes (sucres coloniaux français, sucres exotiques, sucres indigènes expédiés par cabotage sur les raffineries des ports de l'Atlantique et de la Méditerranée et bénéficiant de la détaxe de distance), les directeurs feront connaître à leurs collègues de cette administration la quantité à laquelle s'élève la partie du stock inventorié qui n'aurait pu être imputée à des obligations reçues par le service des contributions indirectes ou que les intéressés auraient déclaré vouloir imputer à des obligations souscrites en douane.

En ce qui concerne les opérations d'inventaire elles-mêmes, les dispositions de l'article 6 ne sont guère que la reproduction de celles prises en 1880; une seule modification de quelque importance a été apportée au texte de l'article 20 de la loi du 19 juillet 1880. Il s'agit de la disposition qui astreint les raffineurs et assimilés à interrompre leur travail pendant l'inventaire et, d'autre part, à déclarer, au fur et à mesure des opérations, le poids et le titrage des produits de toute nature existant dans chaque atelier ou magasin. Cette prescription a pour but de faciliter la reconnaissance exacte des restes et d'empêcher les manœuvres consistant à représenter plusieurs fois les mêmes produits à la vérification des employés; elle n'a, d'ailleurs, rien d'excessif; en effet, la plupart des raffineurs interrompaient spontanément leurs travaux pendant la durée des inventaires précédemment effectués.

Il ne paraît pas nécessaire de détailler ici les conditions dans lesquelles les recensements devront être opérés. Les circulaires nos 402, du 30 juillet 1884, et 477, du 28 mai 1887, ainsi que la lettre autographiée du 22 juillet 1884 et la lettre commune n° 5, du 14 avril 1887, renferment, à cet égard, toutes les indications utiles. Les recommandations qu'elles contiennent sur les manœuvres à surveiller et à déjouer conservent toute leur valeur. Mais il importe de rechercher si les sections spéciales de surveillance sont assez fortement constituées pour procéder aux opérations, avec l'exactitude et la célérité voulues (dans les raffineries elles-mêmes et dans tous les établissements où les inventaires devront être effectués), le jour même où les recensements devront être opérés, c'est-à-dire le 1er septembre. Dès que les directeurs seront fixés sur les divers points où il y aura lieu de procéder à ces opérations, et dans tous les cas avant le 1er août prochain, il conviendra d'adresser, le cas échéant, à la direction générale, des propositions indiquant le nombre et le grade des agents qui devraient être appelés à renforcer les sections spéciales ou à les constituer dans les localités où il n'en existe pas normalement. Les états de propositions rappelleront les mesures qui ont été adoptées lors des inventaires effectués en 1887 et en 1897.

Les résultats des inventaires seront consignés sur un certificat de vérification, série P n° 325, dont les directeurs auront à demander, au matériel central des Finances, le nombre d'exemplaires nécessaires, en même temps que l'imprimé série P n° 328, destiné à présenter l'extrait du carnet d'analyses et de vérification relatifs aux sucres recensés.

A la fin du mois de septembre, il y aura lieu de faire connaître à la direction générale, au moyen d'un état spécial, et en détaillant par espèce de sucre désignée au modèle n° 328, le total des quantités, en poids effectif et en raffiné, inventoriées dans les raffineries et dans les divers autres établissements où ces opérations seront effectuées.

DÉPÔTS CONSTITUÉS, EN DEHORS DE L'ÉTABLISSEMENT PRINCIPAL, PAR LES RAFFINEURS ET ASSIMILÉS

Les inventaires ne seront pas seulement effectués dans les raffineries elles-mêmes et dans les établissements assimilés (casseries ou autres établissements fabriquant des agglomérés avec des sucres n'ayant pas acquitté la taxe de raffinage) dont les exploitants auront souscrit des obligations d'admission temporaire pour les sucres bruts mis en œuvre. Les opérations porteront également sur les sucres existant dans les dépôts organisés, pour la circonstance, par ces deux catégories d'industriels.

Ainsi qu'il a été dit plus haut, l'objectif vers lequel doivent tendre les mesures à prendre, c'est que, le 1er septembre 1903, il puisse être mis, sur tous les points du territoire, à la disposition des consommateurs, du sucre au nouveau tarif. Or, pour que ce résultat soit atteint, il ne suffirait pas que, par l'application stricte de l'article 6 de la loi, le bénéfice du dégrèvement soit assuré aux quantités non libérées d'impôts qui, au 1er septembre, se trouveront dans les usines des raffineurs et assimilés. S'il en était ainsi, on peut prévoir, en effet, que, pour ne pas s'exposer à subir une perte égale à la différence entre l'ancien et le nouveau tarif, les détenteurs habituels de sucres libérés d'impôt réduiraient leurs approvisionnements, de manière à les épuiser complètement avant la date fixée pour le changement de régime. Au 1er septembre, il ne resterait plus de sucres dans leurs magasins. Il en résulterait qu'après une période de ralentissement, les raffineries seraient assaillies de commandes dont l'exécution exigerait forcément un certain délai. On serait dès lors exposé à ce que, pendant les premiers jours d'application du nouveau régime, il y ait, dans le commerce, pénurie de sucre, d'où une élévation forcée du prix de la marchandise.

Il a paru possible de conjurer cette fâcheuse éventualité, en accueillant une demande formée par les raffineurs et qui consiste à faire admettre comme annexes des raffineries les magasins de dépôt que ces établissements possèdent déjà où qu'ils pourraient ouvrir pour la circonstance, sur différents points du territoire. Le commerce de chaque région aura ainsi, pour se réapprovisionner rapidement, beaucoup plus de facilité que si toutes les expéditions devaient se faire de la raffinerie elle-même.

En faisant connaître que, pour l'inventaire, seront considérées comme se trouvant encore en raffinerie les quantités que les raffineurs et assimilés auront placées dans les magasins de dépôt, l'exposé des motifs du projet de loi a spécifié qu'il devrait être fourni, pour les sucres dont il s'agit, des justifications d'origine.

A cet effet, à partir du 1er juillet, les raffineurs et assimilés sont autorisés à expédier des sucres sur leurs dépôts de vente, dans les conditions indiquées ci-après. L'administration admet, d'ailleurs, que ces dépôts soient constitués, non seulement dans des locaux occupés par le raffineur lui-même, mais encore dans les magasins des intermédiaires de tout ordre, épiciers ou autres, dans l'intérêt des industriels et des consommateurs, et en vue de faciliter les opérations d'inventaire, les dépôts seront établis dans les localités où il existe une section d'exercice (contrôle, poste ou recette ambulante).

Toutefois, au cas où il existerait, en dehors de ces localités, des intermédiaires faisant un commerce important, leurs magasins pourront, sur demandes spéciales, être agréés comme dépôts par les directeurs, lorsque ceux-ci jugeront que le service de la circonscription est en mesure d'y procéder aux vérifications nécessaires.

Les expéditions effectuées sur les dépôts devront comporter un poids minimum de 100 kilos (1).

Les sucres seront logés dans des colis et sacs non soumis à la formalité du plombage. Ils seront accompagnés d'acquits-à-caution no 9 noir (2). Les colis contenant des sucres raffinés seront simplement revêtus d'étiquettes portant une marque distinctive qui permettra de reconnaître que les produits ont été expédiés en vertu des dispositions de la présente lettre commune. Les colis contenant des sucres cristallisés en grains ou des vergeoises porteront des marques et numéros d'ordre, afin que l'identité des matières puisse être facilement établie. Indépendamment des indications portées sur les colis eux-mêmes (étiquette, marque et numéro), les titres de mouvement mentionneront le poids brut et le poids net des colis, la nature des produits et la quantité de

---

(1) En ce qui concerne les produits à base de sucre (V. p. 6 et 10), le minimum de 100 kilos s'applique au poids total des produits et non au poids du sucre y contenu.

(2) Un bulletin d'E sera dressé pour chaque acquit de l'espèce et transmis immédiatement par la voie hiérarchique, au service du lieu d'arrivée.

sucre raffiné qu'ils représentent. Les chargements seront vérifiés au départ et donneront lieu, par épreuve, au prélèvement d'échantillons, s'il s'agit de produits autres que des sucres raffinés en pains ou en morceaux réguliers.

Prévenus par les destinataires, les employés du lieu d'arrivée se présenteront chez ces derniers, à partir du 1er septembre, pour procéder à la reconnaissance des produits, ils s'assureront de l'identité des colis et déchargeront l'acquit-à-caution qui sera renvoyé d'urgence, par la voie hiérarchique, au bureau d'émission. Afin d'éviter que les mêmes sucres soient présentés plusieurs fois au service, les employés n'omettront pas d'oblitérer les marques des colis au fur et à mesure de leurs reconnaissances.

Le service attaché à l'établissement expéditeur ajoutera les qualités énoncées par les acquits rentrés régulièrement déchargés à celles inventoriées dans l'usine principale, et c'est ce total qui, jusqu'à due concurrence, sera défalqué des obligations en cours garantissant le payement de l'ancien droit.

Il peut se faire que tous les sucres expédiés dans les conditions ci-dessus, pendant les derniers jours du mois d'août, ne soient pas parvenus à destination le 1er septembre. Le cas échéant, le service procédera à la reconnaissance des chargements, au fur et à mesure de leur arrivée, afin qu'ils puissent être mis immédiatement à la disposition des destinataires. Il peut arriver également que, pour assurer l'approvisionnement de la consommation jusqu'au 31 août, le dépositaire soit obligé de disposer de tout ou de partie de quelques chargements ; le service de destination n'en déchargera pas moins les acquits, mais seulement pour la quantité reconnue. En acceptant que les dépositaires ne soient pas tenus de représenter les chargements intacts, l'administration y met comme condition que, pour réclamer le bénéfice de l'inventaire et de la décharge des acquits, les dépositaires devront représenter, en produits de toute sorte, une quantité de 200 kilos de sucre au moins. Si l'ensemble des matières inventoriées n'atteint pas cette quotité, les acquits ne seront pas déchargés.

De son côté, le service de l'établissement expéditeur n'arrêtera le total des quantités inventoriées que lorsque les acquits de l'espèce, délivrés antérieurement au 1er septembre, seront tous rentrés déchargés. Il paraît superflu d'indiquer que les employés du lieu d'arrivée n'auront aucune perception à effectuer sur les sucres qui leur auront été présentés dans les dépôts dont il s'agit. De même, le cas échéant, la non décharge des acquits ne motivera ni la perception d'une taxe ni l'application d'une pénalité quelconque.

INVENTAIRES CHEZ LES FABRICANTS DE PRODUITS A BASE DE SUCRE QUI AURONT SOUSCRIT DES OBLIGATIONS D'ADMISSION TEMPORAIRE POUR LES MATIÈRES MISES EN ŒUVRE

Les instructions qui précèdent sont applicables de tous points aux industriels qui fabriquent les préparations à base de sucre (1) (confiseurs, fabricants de liqueurs, etc.).

---

(1) Un article spécial est consacré, dans la présente instruction, aux fabricants de chocolat qui travaillent des sucres bruts placés en admission temporaire (voir p. 10).

Aux termes des dispositions en vigueur, les sucres ne peuvent, en principe, sans payement préalable des droits ou à défaut de la souscription d'une obligation d'admission temporaire, être expédiés qu'à destination des entrepôts, d'autres fabriques, de l'étranger ou des raffineries (ordonnance du 7 août 1843, art. 4; loi du 31 mai 1846, art. 21; décret du 1er septembre 1852, art. 26; loi du 7 mai 1864, art. 5; loi du 23 mai 1860, art. 8; décret du 31 juillet 1884, art. 8; loi du 7 avril 1897, art. 2 et 3). Par dérogation à ces dispositions, il pourra être expédié, à partir du 1er juin prochain, des sucres en suspension de l'acquittement de l'impôt aux fabricants de préparations sucrées qui exprimeront le désir de mettre provisoirement en œuvre des sucres bruts non libérés.

Les industriels pourront, dès lors, avoir en leur possession des sucres qui ne seront pas grevés du droit actuel. Les acquits n° 9 A (rouge) accompagnant les chargements ne seront déchargés, par le service du lieu d'arrivée, qu'après vérification des chargements et souscription d'une obligation d'admission temporaire entre les mains du receveur principal de la circonscription, lequel devra, le cas échéant, se munir des modèles relatifs à l'admission temporaire et notamment des imprimés nos 1, 2, 4, dont la désignation est indiquée dans la nomenclature des imprimés n° 151 B.

L'industriel sera admis, dans les conditions prévues pour les raffineurs et assimilés, à expédier ses produits fabriqués, sous le lien d'acquits n° 9 noir (1) (ou, à défaut, d'acquits n° 2 A, du service général, dont le libellé sera modifié en conséquence), sur les dépôts qu'il aura installés en dehors de l'établissement principal. Les quantités existant dans cet établissement seront recensées le 1er septembre; aux restes constatés par cette opération seront, comme chez les raffineurs et assimilés, ajoutées les quantités énoncées aux acquits rentrés déchargés après reconnaissance dans les dépôts.

En résumé, on opérera chez les fabricants de préparations sucrées comme chez les raffineurs et assimilés, mais, afin de réserver l'application de la mesure aux opérations ayant vraiment un caractère industriel, les inventaires ne seront effectués que dans les établissements appartenant à des fabricants qui auront souscrit des obligations d'admission temporaire pour une quantité de sucre de 10 000 kilos au moins; c'est à ces seuls industriels que le service délivrera des acquits pour accompagner les produits de l'usine jusque dans les dépôts de vente.

Il y a lieu d'observer ici que c'est par une extension bienveillante des dispositions contenues dans l'article 6 de la loi que les fabricants de produits sucrés sont, au point de vue du dégrèvement, assimilés aux raffineurs. Il est, en conséquence, nécessaire que, de leur côté, les industriels donnent au service toutes les facilités désirables en vue d'effectuer rapidement l'inventaire.

---

(1) Un bulletin 6 E sera dressé pour chaque acquit de l'espèce et transmis immédiatement, par la voie hiérarchique, au service du lieu d'arrivée. Les acquits pourront être libellés à l'usine; dans ce cas, les industriels seront tenus de mettre un local servant de bureau à la disposition de l'employé chargé de délivrer les titres de mouvement. Les fabricants devront, en cas de nécessité, prêter, pour le libellé de ces titres, le concours de leurs employés; mais il est bien entendu que les acquits ne seront détachés de la souche qu'après signature de l'agent de la régie chargé de vérifier les chargements.

A cet effet, les dispositions suivantes ont été arrêtées, après entente avec les représentants des Chambres syndicales des confiseurs, des chocolatiers et de l'épicerie française.

Les colis seront revêtus d'étiquettes ou de vignettes mentionnant la marque et le numéro de chacun d'eux, la localité où est située la fabrique expéditrice, le numéro et la date de l'acquit auquel le colis est rattaché, l'espèce (dragées, fondants, fruits confits, sirops, biscuits, etc.) et le poids total du produit y contenu, ainsi que le poids du sucre existant à l'état cristallisable dans ce produit. Ces étiquettes seront préparées et apposées par les soins des industriels et à leurs frais. Préalablement à leur apposition, elles seront présentées au service pour être revêtues du timbre de la régie. L'opération du timbrage sera effectuée, par les soins des industriels, sous les yeux du service. On emploiera, pour cet usage, un timbre en caoutchouc, spécialement fabriqué pour la circonstance et comportant, disposées sur trois lignes, les indications suivantes :

CONTRIBUTIONS INDIRECTES — NOUVEAU RÉGIME DES SUCRES

(Département et résidence des employés.)

Les frais d'achat de ces timbres seront portés au compte des avances provisoires, la régularisation en sera opérée dans les conditions ordinaires.

Un compte d'ordre sera tenu pour les vignettes timbrées. Les charges en seront formées par le nombre d'unités soumises à la formalité du timbrage, et les décharges par le nombre de colis mentionnés aux acquits-à-caution. Des recensements seront effectués de temps à autre; en cas d'irrégularités constatées à la charge des industriels, il sera sursis à la délivrance d'acquits-à-caution jusqu'à ce que l'administration, saisie de l'incident, se soit prononcée sur la suite à donner à l'affaire.

Lors de la vérification des chargements au départ, le service s'assurera que les vignettes placées sur les divers colis sont revêtues du timbre prescrit ci-dessus. Il contrôlera, en outre, par épreuve, le poids et la nature des produits contenus dans les colis. D'une manière générale, les déclarations des industriels, en ce qui concerne la richesse en sucre des diverses espèces de matières expédiées, seront acceptées par les employés; ceux-ci prélèveront toutefois, de temps à autre, des échantillons pour être transmis au laboratoire. Si les résultats de l'analyse accusent une teneur en sucre cristallisable, qui ne soit pas inférieure de plus de 5 pour 100 à celle déclarée par le fabricant, la richesse indiquée dans la soumission d'expédition sera considérée comme exacte. Si l'analyse fait ressortir une richesse inférieure de plus de 5 pour 100, il y aura lieu de faire rectifier les soumissions et les acquits, et des échantillons seront, dès lors, prélevés sur chaque chargement.

Le service de destination effectuera les mêmes constatations; au moment de l'inventaire, il aura soin, au fur et à mesure des reconnaissances, d'oblitérer le timbre apposé sur la vignette de chaque colis soumis à sa vérification.

Dans l'établissement principal aussi bien que dans les dépôts, les matières seront, avant l'intervention des employés, classées par espèce et rangées par catégories de même richesse en sucre. En ce qui concerne notamment les produits fabriqués par l'industrie de la confiserie, il sera établi cinq catégories, comme il est fait à l'exportation, pour la vérification du service des douanes: 1º dragées; 2º fondants; 3º gommes; 4º fruits confits; 5º sirops.

Les intéressés auront à remettre au service, pour chaque atelier ou magasin, une note détaillée indiquant le poids et le titrage des produits de toute nature existant dans l'établissement. Des échantillons seront prélevés, par épreuve, sur chaque espèce de produits.

Pour l'évaluation en raffiné des diverses matières qui seront inventoriées dans les usines ou dirigées sur les dépôts, il convient de faire une distinction entre, d'une part, les sucres bruts formant le stock en matières premières, et, d'autre part, les produits achevés ou en cours de fabrication.

En ce qui concerne les sucres en nature, l'évaluation sera faite d'après les bases admises pour la perception des droits; on fera subir à la notation polarimétrique accusée par l'analyse une réfaction de quatre fois le poids des cendres et deux fois le poids des glucoses reconnus dans le produit essayé ; on aura ainsi le titrage net. Ce titrage net, fractions de degrés négligées, sera multiplié par le poids effectif du sucre; du produit de cette multiplication il sera déduit 1 1/2 pour 100 à titre de déchet de raffinage. Le reste, fractions diverses négligées, représentera le poids du sucre exprimé en raffiné. Soit, par exemple, 10,250 kilos de sucre ayant donné à l'analyse les résultats suivants :

Tirage polarimétrique	99,50
Cendres	0,05
Glucoses	0,01
Eau et inconnu	0,44
TOTAL	100,00

Le décompte en raffiné sera établi comme suit :

Titre polarimétrique		99,50
Réfactions { Cendres	$0,05 \times 4 = 0,20$	0,22
Glucose	$0,01 \times 2 = 0,02$	
Tirage net		99

$$10{,}250 \text{ kilos à } 99^{\circ} \dots \dots (99 \times 10{,}250) = 10{,}147^{kg}$$

$$\text{Déduction de } 1 \ 1/2 \dots \dots \frac{10{,}147 \times 1{,}5}{100} = 152$$

$$\text{Poids en raffiné} \dots \dots 9{,}995^{kg}$$

Pour les produits achevés et les matières en cours de fabrication, on opérera comme le fait, à l'exportation, l'administration des douanes, c'est-à-dire que l'on multipliera par le poids des matières le titre en sucre cristallisable (fractions de degrés négligées) indiqué par l'analyse. Aux termes de l'article 2 du décret du 18 septembre 1880, le sucre cristallisable constaté dans les produits sucrés exportés est, en effet, considéré comme raffiné. Ainsi, 2,535 kilos de produits ayant présenté à l'analyse une teneur en sucre cristallisable de 53^{kg},25 pour 100 seront comptés pour ($\frac{53 \times 2{,}535}{100} = 1{,}343^{kg}{,}55$) de sucre raffiné.

FABRICANTS-RAFFINEURS

Les fabricants-raffineurs, qui souscriront des obligations d'admission temporaire, pour la totalité ou une partie des matières premières appelées à alimenter leur travail, seront également admis, jusqu'à concurrence des quantités placées en admission temporaire, à expédier leurs produits, en suspension du payement de l'impôt, sous le lien d'acquits-à-caution (1), à partir du 1er juillet jusqu'à la fin du mois d'août, sur des dépôts, en vue d'assurer, dès le 1er septembre, l'approvisionnement de leur clientèle en sucre imposé au nouveau tarif.

Les dispositions prises à ce sujet pour les raffineurs proprement dits sont entièrement applicables aux fabricants-raffineurs.

Les quantités de sucre énoncées aux acquits-à-caution rentrés régulièrement déchargés seront, lors du règlement des obligations d'admission temporaire, imposées au nouveau droit, et le surplus sera frappé de l'ancienne taxe [60 francs] (2), s'il n'est pas représenté des certificats d'exportation ou d'entrée en entrepôt antérieurs au 1er septembre.

Les acquittements en numéraire à l'ancien tarif donneront, bien entendu, lieu, pour la période comprise entre la date de l'obligation et la date de la libération, à la perception d'un intérêt calculé sur le taux de 3 % par an.

INVENTAIRES CHEZ LES FABRICANTS DE CHOCOLATS QUI AURONT SOUSCRIT DES SOUMISSIONS D'ADMISSION TEMPORAIRE POUR LE SUCRE MIS EN ŒUVRE

Le sucre employé à la fabrication des chocolats est soumis à un régime spécial d'admission temporaire. Ce régime, défini par le décret du 17 août 1880, fonctionnait précédemment au moyen d'acquits-à-caution des douanes portant le numéro 46 D de la série M. Ce modèle a été supprimé en 1897. Les soumissions sont actuellement reçues, soit par le service des douanes, sur le registre n° 9 de la série M, soit par le service des Contributions indirectes, en ce qui concerne les sucres indigènes, sur le registre n° 214 (ancien n° 24 de la série M). Les ampliations détachées de ces registres tiennent lieu d'acquits-à-caution ; elles servent à régulariser le transport des sucres soumissionnés jusqu'à l'usine du soumissionnaire ; ce dernier les conserve pour les représenter ultérieurement au service des douanes chargé de constater l'exportation ou l'entrée en entrepôt du produit fabriqué. Les soumissions doivent être apurées, dans le délai de quatre mois, par la justification de l'exportation ou de la mise en entrepôt de 100 kilos de chocolat pour 54 kilos de sucre exprimé en raffiné.

---

(1) Un bulletin 6 E sera dressé pour chaque acquit de l'espèce et transmis immédiatement, par la voie hiérarchique, au service du lieu d'arrivée.

(2) Les certificats d'enlèvement pourront, bien entendu, être affectés au déclassement des quantités imposables au droit de 60 francs.

Les fabricants de chocolat qui auront souscrit des soumissions de l'espèce, pour une quantité de 10 000 kilos de sucre au moins, seront admis, dans les conditions prévues pour les autres préparateurs de produits à base de sucre, et jusqu'à concurrence des quantités inscrites aux soumissions, à expédier leurs produits sous le lien d'acquits-à-caution (1), du 1er juillet au 31 août, sur des dépôts, en vue d'assurer l'approvisionnement de leur clientèle, dès le 1er septembre.

Dans le cas où les intéressés auraient souscrit leurs soumissions, soit dans un bureau de douane, soit dans un bureau des contributions indirectes situé dans une localité autre que celle où est installée l'usine, ils auraient à représenter ces soumissions aux employés de leur résidence, qui seraient ainsi mis à même de s'assurer que le fabricant réunit les conditions exigées pour l'envoi des produits, par acquit, sur des dépôts de vente.

Les quantités existant dans la fabrique seront recensées le 1er septembre ; aux restes constatés par cette opération seront ajoutées les quantités énoncées aux acquits rentrés déchargés après reconnaissance dans les dépôts. Le total de ces quantités sera, lors de l'expiration du délai de quatre mois imparti pour l'apurement des soumissions, imposé au nouveau droit (25 francs), et le surplus sera frappé de l'ancienne taxe (60 francs), s'il n'est pas représenté de certificats d'exportation ou d'entrée en entrepôt de douane, antérieurs au 1er septembre.

Les employés qui procéderont aux inventaires se feront représenter les soumissions par les industriels et annotero nt, dans la forme suivante, celles auxquelles seront imputées les matières constituant le stock recensé, le 1er septembre, dans l'usine et dans les dépôts : « Les employés, soussignés, certifient que..... (la totalité des sucres énoncés à la soumission ou tant de kilos sur ceux énoncés audit titre) ont été présentés à l'inventaire, le 1er septembre. A........ le........ 1903. Signatures. » Cette annotation sera soumise au visa du chef divisionnaire, dont la signature sera appuyée du timbre d'authenticité prescrit par la circulaire n° 5, du 28 avril 1891. Les soumissions seront ensuite remises aux intéressés.

Pour l'évaluation en raffiné des matières qui seront inventoriées dans les usines ou dirigées sur les dépôts, le service se conformera aux dispositions ci-après :

Les produits achevés seront évalués sur la base fixée par le décret du 17 août 1880, art. 3, c'est-à-dire à raison de 54 kilos de raffiné par 100 kilos de chocolat. D'après cet article, ne sont admis à la décharge des soumissions d'admission temporaire que les chocolats composés exclusivement de cacao, de sucre et d'aromates, sans mélange d'aucune autre substance ; ces produits doivent être revêtus de l'étiquette ou de la marque du fabricant. Le service acceptera, lors de l'inventaire ou de l'expédition sur les dépôts, les déclarations des industriels relativement à la composition des chocolats, à moins qu'il n'ait des raisons sérieuses de douter de la sincérité de ces déclarations, auquel cas il conviendrait de prélever des échantillons pour être transmis au laboratoire.

---

(1) Un bulletin 6 E sera dressé pour chaque acquit de l'espèce et transmis immédiatement, par la voie hiérarchique, au service du lieu d'arrivée.

En ce qui concerne les matières premières (sucre en nature) et les matières en cours de fabrication, on procédera comme il a été indiqué pour les autres fabricants de produits à base de sucre (voir p. 8 et 9.)

MISE DES SUCRES ET DES PRODUITS SUCRÉS
EN ENTREPÔT DE DOUANE

Au cours de la discussion, il a été entendu que, pour faciliter à tous les détenteurs de sucre ou de produits sucrés la réalisation du dégrèvement que comporte la nouvelle loi, des entrepôts de douane pourraient être spécialement institués dans les localités où la nécessité s'en ferait sentir.

L'ouverture de ces entrepôts doit être autorisée par décret. C'est à l'administration des douanes que, s'il y a lieu, les intéressés auraient à faire parvenir leurs demandes de création.

Advenant le cas où des établissements de cette nature seraient ouverts dans une localité ne comportant pas de service de douane, c'est aux employés des contributions indirectes qu'il appartiendrait d'assurer la surveillance de l'entrepôt. Le cas échéant, des instructions seront données, dans l'objet, par l'administration.

FABRICANTS DE FRUITS CONFITS — TRAVAIL EN ENTREPÔT

Enfin, le bénéfice d'une situation particulière a été réclamé par quelques fabricants de fruits confits. Les intéressés ont exposé que, d'une part, leurs produits, n'étant pas facilement transportables, ne pourraient être placés en entrepôt; d'autre part, que ces matières se prêteraient malaisément à un inventaire qui serait effectué dans leurs ateliers le 1er septembre, inventaire qui ne leur permettrait pas, d'ailleurs, de réaliser le dégrèvement sur l'intégralité du sucre employé à la fabrication, une partie de ce sucre s'invertissant au cours du travail. Ils ont demandé que la transition d'un régime à l'autre leur soit facilitée par une application anticipée des dispositions contenues dans l'article 4 de la loi. Pour la circonstance, les établissements dont il s'agit seraient, jusqu'au 1er septembre, considérés comme ne travaillant pas pour la consommation intérieure. Les industriels y recevraient les sucres en suspension du payement de l'impôt, n'effectueraient aucune livraison ni de sucre en nature, ni de produits fabriqués, et, le 1er septembre, acquitteraient, sur la totalité du sucre introduit, le droit de 25 francs; à partir de cette date, l'établissement redeviendrait libre.

Tels sont les principes essentiels de la mesure qu'il a paru possible d'appliquer exceptionnellement.

Les industriels qui en feront la demande au chef départemental auront à souscrire sur le registre n° 24 (sucres) l'engagement cautionné: 1° d'acquitter en numéraire, à première réquisition, notamment au comptant, dès le 1er septembre, à raison de 25 francs par 100 kilos, les droits exigibles sur les sucres qui seront introduits dans l'établissement, et dont l'importance sera déclarée, afin de permettre aux comptables d'apprécier la solvabilité du principal obligé et de sa caution (1) ; 2º de rembourser les frais de la surveillance permanente, qui, conformément aux dispositions de l'article 4 de la loi, devra être organisée.

Le montant du crédit concédé à l'industriel sera fixé par le comptable.

Les locaux servant d'ateliers et de magasins devront être agencés de manière à prévenir tout détournement frauduleux et à permettre une surveillance extérieure de jour et de nuit; ils ne devront avoir, pendant les heures de travail, qu'une seule porte habituellement ouverte et dont la clé restera entre les mains du service; les fenêtres et ouvertures seront munies d'un grillage fixé à demeure; toute communication intérieure avec d'autres locaux sera scellée au moyen du cachet des employés; près de la porte d'entrée et à l'intérieur même de l'établissement, un local pourvu d'une table, de chaises et d'une armoire avec sa clé sera mis à la disposition des agents de la régie; l'usine sera fermée en dehors des heures de travail; les heures d'ouverture et de fermeture seront fixées d'un commun accord entre le service et l'industriel.

Les directeurs auxquels seront adressées les demandes de l'espèce ne statueront que sur le rapport d'un inspecteur leur donnant l'assurance que toutes les conditions ci-dessus sont remplies.

Le sucre parviendra dans l'usine en suspension du payement du droit; les employés déchargeront purement et simplement les acquits, jusqu'à concurrence de la quantité de sucre portée dans l'acte de cautionnement. Ils n'auront pas à s'immiscer dans le détail des opérations effectuées par l'industriel. Celui-ci inscrira ses fabrications, au fur et à mesure, sur un registre nº 4 (sucres) mis à sa disposition; il y indiquera la quantité de sucre employée et le poids du produit obtenu. Ces inscriptions seront relevées, par journée, sur un carnet portatif nº 6 tenu par le service; elles formeront les décharges d'un compte tenu pour ordre et dont les charges seront constituées par les quantités de sucre reconnues à l'entrée de l'établissement.

Indépendamment de ces écritures, le rôle du service consistera surtout à empêcher les enlèvements clandestins, soit de sucre en nature, soit de produits fabriqués. A cet effet, il s'assurera fréquemment de l'état des fenêtres et ouvertures qui doivent être munies d'un grillage fixé à demeure, de l'état des scellés apposés sur les locaux qui seraient en communication avec les ateliers et magasins constituant l'entrepôt réel; il effectuera également, à des heures variées, des rondes de nuit.

Le 1ᵉʳ septembre, il sera opéré un inventaire général comprenant, pour leur poids exprimé en raffiné, les sucres restant en nature, et pour la quantité de sucre raffiné qu'ils représenteront, d'après les éléments de contrôle consignés au carnet nº 6 et d'après les déclarations enregistrées au registre nº 4 (poids assigné à chaque espèce de produits par le fabricant dans ses déclarations), les produits achevés ou en voie de transformation.

Si les résultats de cet inventaire concordent avec le total des quantités énoncées aux acquis-à-caution déchargés et inscrites au registre nº 12 A, les sucres introduits seront considérés comme existant dans l'établissement; le fabricant sera invité à effectuer sans retard le payement du droit, à raison

---

(1) Un engagement complémentaire sera exigé avant l'introduction de quantités supérieures à celles fixées dans la concession primitive de crédit.

de 25 francs par 100 kilos, et, sur représentation de la quittance délivrée par le comptable, la permanence sera levée.

Dans le cas où l'inventaire ferait apparaître des résultats anormaux, il conviendrait de demander des instructions à la direction générale. Les incidents de toute nature qui viendraient à se produire avant le 1er septembre seront, bien entendu, portés à la connaissance de l'administration, qui appréciera s'il n'y a pas lieu de retirer à l'intéressé le bénéfice de la mesure de faveur concédée et d'exiger, par suite, le payement immédiat du droit d'après le tarif actuellement en vigueur (60 francs, plus la taxe de fabrication de 1 franc).

Dès que la surveillance aura cessé, il conviendra d'établir le décompte des frais dont le remboursement est imposé au contribuable; ces frais doivent représenter le traitement intégral (montant brut), ainsi que les indemnités régulières (de résidence, de déplacement ou autres), alloués aux employés chargés de la permanence, pendant toute la durée de cette permanence. Dans la formation des propositions qu'ils auront à soumettre pour l'organisation des sections de surveillance, les directeurs s'attacheront à maintenir les frais dans la limite compatible avec la sauvegarde des intérêts du Trésor, afin de n'imposer aux industriels qu'une dépense proportionnée à l'importance du dégrèvement qui leur est consenti.

Bien qu'elles aient été réclamées dans un intérêt particulier, les dispositions ci-dessus ne doivent pas être considérées comme réservées exclusivement aux fabricants de fruits conflts, elles pourront être appliquées à tous industriels se livrant à la préparation de produits à base de sucre et qui se soumettront pleinement aux conditions exigées.

Les dispositions qui viennent d'être passées en revue paraissent de nature à permettre d'assurer, dès le 1er septembre, l'approvisionnement de la consommation en sucres passibles du nouveau tarif. Les industriels ont, en effet, le choix entre diverses combinaisons leur donnant également satisfaction :
1o mise des sucres en admission temporaire et inventaire le 1er septembre;
2o présentation des produits en entrepôt de douane jusqu'au 31 août;
3o usines cadenassées, travail en entrepôt jusqu'au 31 août.

TAXE DE RAFFINAGE DE 4 FRANCS

Les dispositions en vigueur, en ce qui concerne le règlement des comptes spéciaux ouverts aux intéressés pour la perception de la taxe de raffinage, continueront d'être appliquées lors de la clôture de la campagne actuelle.

En ce qui touche particulièrement les industriels chez lesquels il sera procédé à des inventaires (raffineurs, fabricants d'agglomérés), le service se conformera aux règles tracées ci-après. La constatation de la taxe sera suspendue pendant les mois de juillet et d'août, c'est-à-dire sur les quantités introduites dans les établissements depuis le 1er juin. Les quantités de sucre (exprimé en raffiné) recensées, soit dans l'établissement principal, soit dans les dépôts annexes, seront inscrites en décharge au compte de la taxe de raffinage de la campagne en cours, comme n'ayant pas été consommées sous le régime actuel, et seront portées au compte de la même taxe (2 francs) pour la campagne 1903-1904 dont elles formeront les premières charges. Cette déduction opérée, les quantités restant inscrites au compte de la campagne 1902-1903 constitueront les charges nettes de ce compte. Jusqu'au 30 septembre, les intéressés pourront, comme actuellement, représenter des coupons détachés des certificats d'exportation ou d'entrée en entrepôt antérieurs au 1er septembre. Le 30 septembre, le compte spécial de la campagne 1902-1903 sera définitivement clos, et le payement de la taxe de 4 francs sera exigé sur la différence entre les charges et les décharges.

Les opérations du dégrèvement exigeront de la part de tous un effort considérable. Il importe que s opérations soient effectuées avec la plus grande célérité et que la liquidation de l'ancien régime ne subisse aucun retard pouvant motiver des réclamations légitimes de la part des contribuables. Dans ce but, les acquits concernant les sucres en nature et les préparations sucrées dirigées sur les dépôts pour être mis à la disposition des consommateurs, dès le 1er septembre, seront renvoyés aux lieux d'origine par notes manuscrites transmises, le jour même de la réception des titres de mouvement, par les bureaux de direction et de sous-direction, et portant en caractères très apparents la mention suivante : « Application du nouveau régime des sucres. »

Vous voudrez bien donner des instructions, dans ce sens, aux agents placés sous vos ordres.

Le Conseiller d'Etat, Directeur général,
COURTIN.

927-3. — Imp. P. Feron-Vrau, 3 et 5, rue Bayard, Paris, VIIIe.